Graphisme : Didier Eudes www.bovisage.fr
Dépot Légal : mars 2014
© Didier Eudes 2014
ISBN : 978-2-322-03583-0
Editeur : Books on Demand Gmbh, 12/14 rond point des
Champs Élysées, 75008 Paris, France
Imprimeur : Books on Demand Gmbh, Norderstedt, Allemagne

Le Ressac

Didier Eudes

Le Ressac

Poésie

aux Marcheurs,

Le Ressac

Je veux nous parler de l'humain, je veux en parler doucement, comme une confidence au coin du feu, quand le vent hurle au dehors.

Qui mieux que la fleur, porteuse de graines peut nous expliquer la portée des actes ?

Qui mieux que l'oiseau, lui qui voit de plus haut, peut nous parler du sens ?

Qui mieux que le papillon peut nous parler du grand départ ?

Quoi mieux que la Poésie peut nous parler de l'humain, du temps qui passe, et de cette chose belle qui nous habite, au cœur, si nous allons à sa rencontre.

Prélude

Des chaudrons, des chaudrons, rien que des chaudrons, c'est ainsi la plupart du temps, rien que des chaudrons, à bouillir sur ce feu étrange.

Il est de longs poissons, comme des ponts qui naviguent par-dessus les gouffres éternels.

Dans son palais des Carpates, le mille pattes, il se la pète un max…

Un petit cheval tout blanc, c'est plus petit qu'un éléphant, mais plus grand, bien plus grand, qu'un colimaçon…

Il faut attendre que le niveau des eaux se soit égalisé, pour que l'écluse s'ouvre …

Poèmes du dedans…

Des ruisseaux de diamants, des camions de
parfums, des valises de saveurs et des fruits
par milliers...

Un carton à dessin tout empli de pastels aux
couleurs bigarrées...

Un rivage désert où tu marches longtemps,
seul avec les oiseaux,

Incroyable ce bateau qui navigue à merveille
et puis cette forêt aux arbres millénaires, là
bas, où il y en a...

J'irai à ta recherche, Humain des profondeurs,

Je cueillerai ce jour une étoile du soir pour en
faire un diadème pour le front de ma Dame,

C'est bien cela qui fait le rivage transparent,
pour reposer les pieds, quoi d'autre que la
mer et habillé de vert et changer de couleur et
rire aussi de tout cela...

Voyage

Il y a un grand espace complètement dégagé, comme un désert tout plat de sable orange sous un ciel bleu profond.

Le soleil fait un disque blanc, allumant la lumière des particules de sable, et je vois :

Une femme debout tient une fleur dans sa main, la biche est à ses pieds. Les yeux tournés vers le ciel, elle contemple les hirondelles. Ces folles de liberté semblent toujours se poursuivre, pour s'amuser. Au côté de la Dame est l'arbre en fleur.

Tu marches un peu plus loin et tu vois apparaître un enfant accroupi, en tailleur. Sur le dos de sa main, un escargot luisant fait son propre chemin. Assis dans l'herbe verte, parsemée de fleurs de couleur, l'enfant est attentif, guettant le moindre signe.

Tu continues ton chemin dans cet espace des possibles, et là est un grand chevalet de bois. Sur la toile est peint à la craie le paysage qui suit : Le grand voilier solaire, sur la mer, au moment où les feux du soleil l'arrachent à la pesanteur, venant gonfler ses voiles comme des joues rebondies...

La figure de proue semble entonner un chant et brandit dans sa main une fleur du printemps pour dire nous y allons…

Le voyageur

C'est un lieu très étrange, car seulement quelques pas te font perdre de vue le tableau précédent, comme on serait passé d'une pièce dans une autre, comme un jeu de miroirs, ou d'hologrammes, qui ne serait visible que sous un certain angle, par un certain regard...

Tu t'attardes un instant à voir le voyageur. L'ombre d'un bleu profond, révèle le sable orange.

Le voyageur porte un chapeau, sorte de chapeau melon, d'une allure très seyante, et bien sûr il arbore une fleur au chapeau…

Sa redingote à queue de pie a été rapiécée de tissus de couleur, de même son pantalon, et il va les pieds nus comme un luxe inouï et ses pieds tout à coup semblent avoir grandi.

Il porte sans doute un sac, la lanière sur l'épaule, dont il pourrait sortir au besoin des trésors :

Un crayon pour écrire, un autre pour dessiner, des feuilles de papier, une flûte magique, tout un vol d'oiseau, et des milliers de petites boules de toutes les couleurs qui sont les graines de ses pensées.

Alors il reprend son chemin, gai, plein d'entrain...

Autre voyage

Joli papillon diras tu ton secret ?
Que cherches tu en ces contrées, qu'as-tu
retenu de tes voyages dans ton monde secret
difficile à imaginer…

Et toi coccinelle, si belle, si vite tu t'envoles,
que te montrent tes yeux dans ton monde de
fleurs, quels magnifiques palais ?

La rumeur enfle et enfle au pays des grenouilles,
quelle bouille ce nouveau né !

Il reviendrait c'est sûr de ces pays lointains
mais pas avant d'avoir trouvé ce qu'il était
venu chercher, pas moins que des joyaux, pas
moins que des rivières, et des soleils levants.

il reviendrait, c'est sûr, lorsqu'il en sera plein,
des paysages nouveaux, des visages différents.

Rivage

Imagine maintenant le rivage. La mer est toujours à venir, alors même que tu la vois, tu ne parviens quand même pas à l'imaginer. Il faudrait voir chaque vague avec une belle clarté, mais déjà la vague a changé.

Il est toujours un lieu où la vague finalement a rejoint un rivage, cela est réjouissant, comme un moment de pause, car alors la vague s'étend, elle se termine, elle se repose, elle disparaît finalement. Il ne reste que le rivage, cela semble quelque chose de plus stable...

En regardant de plus prêt, tu vois que le rivage est aussi un océan, mais un océan plus lent, avec des vagues de dix mille ans et contempler les deux te fait venir l'Humain.

La Dame et le rivage

Un rivage solitaire, complètement désert apparaît maintenant, la Dame s'y promène.

Elle marche pieds nus sur le sable tout blanc, elle marche pieds nus sur le sable luisant de l'eau qui se retire et l'oiseau l'accompagne. Tantôt volant ici, tantôt posé tout prêt, tantôt sur son épaule, il a poussé son chant, allumant le décor d'une attention plus nette.

Le soleil au couchant imprègne ces moments d'un supplément de calme et d'apaisement.

La Dame marche pieds nus à la lisière de l'eau, et de petites vagues viennent baigner ses pieds, elle se fond dans le ciel, elle se fond dans la mer, et le soleil couchant allume son ombre bleue.

Qui pourrait dire vraiment ce qu'elle recherche ici, pourtant un chant nouveau vient bientôt à ses lèvres.

C'est d'abord un murmure accordé peu à peu au lent rythme des vagues et puis viennent des mots :

Chaque instant, chaque instant est semblable au rivage où viennent se poser les vagues du passé, alors que ses pieds nus reposent sur le sable, chaque instant, chaque instant...

Et apparaît alors l'immensité du ciel et chaque petit caillou, chaque joyau sur le sable vient animer ton cœur.

Le mystère de la mer

Là, tout prêt du rivage, les pieds baignés sans cesse par le flot d'écume blanche l'océan semble une évidence.

Il n'y a pas de doutes, cette planète est aussi une planète d'eau ! La terre et la mer fabriquent bel et bien des cultures différentes.

Les êtres de la mer sont des extra terrestres, avec lesquels nous avons bien du mal à communiquer !

Pourtant, pour avoir passé 9 mois dans l'océan premier, nous devrions comprendre :

La mer est un lieu de gestation, la baleine sortira t'elle un jour de l'eau pour exprimer sur terre tout ce qu'elle a compris dans ses longues méditations aquatiques ?

L'homme retournera t-il un jour à l'océan pour purger sa folie ?

La mer est un lieu de gestation, la terre un lieu d'accomplissement, la limite entre les deux est un passage de vagues et de ressac.

Les cailloux sur le sable, luisants comme des joyaux, nous montrent l'immobile du temps et ce caractère puissant, ou magnifique, du fait de l'être avant même de faire un pas.

Et s'il ne restait même qu'un petit bout de terre, emporté par les vents de l'espace au travers des planètes, il y aurait dedans suffisamment du mystère de la vie pour qu'elle ait toutes les chances de renaître plus loin.

Alors l'indien peint son visage et se met à chanter, il perçoit quelque chose de cela, comme la vapeur qui s'éclaircit peu à peu sur la vitre, il entrevoit la vérité et les plumes sur sa tête, il se prend à danser.

Passage

Histoire de se mettre un peu à l'unisson de l'univers et de ses vibrations, la raison ne peut pas approcher ces choses là...

Marcher sur le rivage à pas lents en direction de l'eau à la limite des vagues et puis s'immerger et nager. Puis revenir, passer d'un monde à l'autre, l'astronaute doit vivre quelque chose de cela !

Bien sûr, nous sommes de la terre, bien sûr, nous sommes de la mer, bien sûr, nous sommes de l'espace, bien sûr, nous sommes.

Atteindre le rivage, et quitter le rivage, le rivage est là, les vagues et le ressac vont, on ne peut rien tenir, on est déjà plus loin.

Origine

Sur le rebord du fleuve du temps, quelques instants avant le début, des faisceaux étincelants paraient de feu l'inexistant.

Sur le rebord de cette attente du nouveau, le maelström s'organise comme une vague à venir.

L'ancien s'est retiré au loin, dévoilant une vaste grève et là s'accumule en secret un tout nouveau futur chatoyant.

Pas moins que des milliards de fleuves à venir on ne sait quand, pas moins que des graines de joie s'accumulant en potentiel.

Comme un immense sac de billes de toutes les couleurs à venir se déverser sur un carrelage étincelant et sauter de partout, et rebondir au loin et c'est le jeu des électrons pour allumer les soleils.

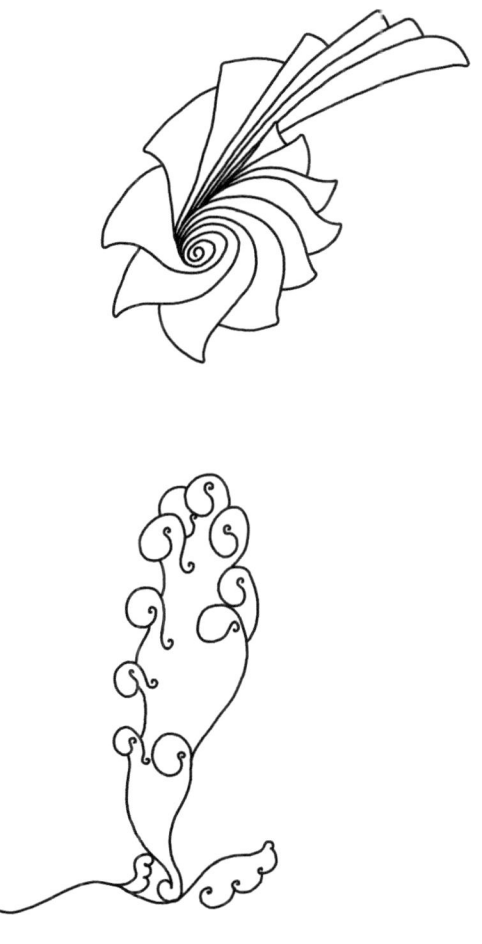

Big Bang

C'était le temps du commencement où toutes les réserves de vagues s'étaient organisées, longuement accumulées pour préparer l'avènement du nouveau.

Cela avait pris des éons pour que chaque parcelle, chaque graine de réalité nouvelle soit à sa juste place. Il y avait là les traces multiples des époques passées comme une vaste bibliothèque bien rangée.

Quelque temps avant l'avènement du nouveau, la poche des eaux fut percée, si l'on peut dire. L'énergie du début commençait à se déverser comme une immense vague, comme pour dire, ça y est, nous y allons.

Alors cette matière première concentrée qui était jusque là du domaine de l'ailleurs, de l'invisible, du non manifesté a commencé à s'élargir dans l'espace en un déferlement d'une puissance difficile à imaginer.

Et toute cette énergie en quelque sorte programmée de par sa simple structure organisée a commencé à interagir, à danser et de son mouvement, de sa danse d'attirance, les galaxies sont apparues. C'était juste en jeu de mouvement et d'attirances multiples qui faisait qu'il ne pouvait en être autrement.

C'est pourquoi, dans les mystères des débuts, l'humain et la fleur, le lac et la forêt, étaient déjà programmés, inévitables, ainsi que les milliards de milliards de possibles qui prenaient partout leur mouvement pour longtemps.

Le bruit du ressac

Le bruit du ressac, comme le souffle, une inspiration avant de tout lâcher.

Une énergie qui se concentre pour quelque tache importante, essentielle, et ce n'est qu'une vague parmi des milliers.

Le soin qu'elle prend à lécher le rivage, la puissance qu'elle dégage, dessinant des volutes de cailloux et de sable.

Ce n'est qu'une vague et ce n'est qu'un instant, le temps est-il autre chose qu'un rythme, comme une symphonie ?

Il y a une note grave, fondamentale, le jour, la nuit, et des milliers de rythmes secondaires qui se répondent.

Le bruit du ressac, comme le souffle, une inspiration avant de tout lâcher et le souffle nous met dans ce rythme du temps de la dimension d'exister, et ce n'est qu'une respiration, parmi des milliers...

Le bruit du ressac, comme la petite mort ou l'énergie fondamentale se résorbe, un instant dans le rien, dans l'équilibre, la pause, pour un nouveau déferlement.

Le bruit du ressac, une galaxie est absorbée dans un trou noir, quelle est la vague suivante ?

Et cet oiseau qui chante son chant du soir, comme une vague qu'il lance pour atteindre le matin encore incertain, et cet humain âgé, qui dit son dernier souffle, cette puissance résorbée, dissimulée, qui donne toute sa puissance au grand déluge de la naissance !

Le temps est-il autre chose qu'un rythme comme une symphonie ?

Le chant de l'être, l'être avant de naître, l'être du ressac, l'être de la vague...

Quand la danse disparaît de nos yeux, c'est qu'elle danse ailleurs, comment une telle énergie pourrait-elle s'arrêter !

Au delà du ressac, et au delà des vagues, le chant de l'être.

Le bruit du ressac, le chant de la marée et ce navire poussé par le vent pour chercher l'ailleurs, atteindre d'autres rivages, un rythme différent...

Et cette fusée qui s'échappe de la terre, dans un feu de soleil pour aller chercher l'humain plus loin.

Le ressac de l'espace, car sans cesse l'humain est baigné de marées, et s'il met à la voile, c'est sans doute pour chercher à comprendre ce qu'il est au profond.

La mémoire du ressac

Les voyez vous ces hautes falaises, empilements géants de couches de sédiments !

On est finalement tout petit, les pieds sur les galets, regardant vers le haut le mur blanc des falaises.

Comme le serpent se mord la queue, la mer avait elle même déposé, couche après couche, pendant des ères, chaque parcelle de ce livre ouvert de la mémoire ancienne.

La vague arrive et s'approprie quelques fragments du pied de la falaise et le temps du ressac les renvoie au mouvement.

Le ressac et la marche

J'ai longtemps laissé mes pieds nus baigner à volonté dans les flux du ressac, ce brouhaha puissant et riche de possibles qui donne l'impulsion de longues marches à venir vers plus loin.

La marche se fait par moments immobile, vers ici.

La terre est toujours riche et ancienne et ainsi sommes nous vieux voyageurs de l'étrange.

Des mots de feu et d'eau, du concentré de marées : la marée n'est jamais étale bien longtemps, il y a toujours un rythme, un battement, comme celui des rouleaux à l'assaut des galets.

Alors je marche vers l'avant, je coupe à travers chants, pour trouver l'enchantement.

Les saisons ont pris une saveur nouvelle, une
lave puissante, quelque chose qui rénove les
vieux os fatigués. C'est une si belle contrée,
et tu saisis parfois un regard allumé dans la
quête de la marche, un marcheur intérieur,
celui là qui sait que le paysage se déploie au
dedans.

Il a mis un chapeau, très beau, à larges bords,
et ses sandales de vent appellent le chemin.

Interlude

Il remugle de reboutrance, le Charouble, mais qu'est-ce qu'il a donc à remugler comme cela ? C'est pourtant un Charouble de bonne compagnie !

Mais me direz vous, qu'est-ce donc qu'un Charouble ? Vous ne le connaissez pas, vous ne l'avez jamais rencontré !

Le Charouble est un petit animal bleu qui niche sous la table des écrivains.

Parfois dans un tiroir, ou dans une pantoufle, ou la poche d'un peignoir, et il est le vrai inspirateur de tout ce qui s'écrit ici.

Voyez, l'écrivain s'est attablé, la page est blanche et blanche encore...

Alors le Charouble, qui pour le coup a fini de remugler, alors le Charouble, dis-je, s'endort.

Il s'endort, et avec le sourire, il rêve et fait un rêve d'écriture. Et voici la feuille blanche qui rapidement se noircit. Toute la littérature du monde est donc, en fin de compte, le rêve du Charouble.

Protégez les Charoubles, sinon s'en est fini de l'écriture !

Imaginez un monde sans Charouble, l'écrivain s'assied et heure après heure la page reste blanche. Plus de nouveaux livres, de romans, de poèmes...

Le Charouble vient de se rendormir, et il s'est fait, pour l'occasion, une sorte de nid dans la corbeille à papiers.

Le ressac et l'humain

J'entrevois dans le miroir intérieur le visage de l'homme et de la femme du temps d'avant, du temps d'avant le souvenir, quand les humains étaient peu nombreux, et qu'ils ont inventé l'humanité.

S'ils ne l'avaient pas rêvé, s'ils n'y avaient pas cru, comment aurait elle pu parvenir jusqu'à nous ?

Le ressac de l'humain, un fils de l'océan et de la lune, un rythme de fond engrangé, qui apporte cette vague nouvelle.

Quelque chose apparaît, quelque chose de puissant, semblant venir de rien, et c'est une vague issue du ressac d'une autre chose avant.

Le big bang est un fils de l'océan et de la lune, ce petit enfant aussi, quel mystère !

Visage de ressac des hommes du passé qui portaient déjà ton visage et la forme de tes oreilles, ressac de ce corps fabriqué par le temps, ressac de ce monde et l'incompréhensible de ces vagues multiples qui arrivent de partout, malaisées à comprendre !

Une galaxie s'est résorbée dans un trou noir, une vague gigantesque s'est écoulée dans le ressac, un digne vieil homme vient de mourir.

C'est bien pourquoi la dame danse sur le rivage un petit sourire sur les lèvres, et une fleur dans la main.

Les deux pieds là dans l'eau, sur le bord, les vagues me ramènent au rivage. Le ressac semble vouloir prendre ma substance en mémoire, pour l'emmener dans ses mystères.

Où donc a disparu cette galaxie, où est passée cette déferlante, où donc est Albert Enstein en ce moment ?

D'où vient le petit sourire de cet enfant, et sa propre façon de bouger ?

Les animaux et les planètes vivent sans cesse le ressac, mais ne peuvent le comprendre, l'humain, celui qui relie la terre et le ciel est un fils spécial du ressac, ou alors bien sûr nous sommes sans doutes des enfants...

Le jour où l'humain sera réabsorbé dans la gigantesque bonde du trou noir, peux tu imaginer l'incroyable vague suivante ?

Alors, il est question de graines, ou de semences.

C'est comme le caillou que tu vas jeter dans l'eau, quelle est sa forme et sa couleur ? avec quelle force l'as tu jeté, et où est il tombé ?

puis plus rien semble t'il ? ? ?

Vous voyez cette aspiration du ressac qui emporte les pieds ?

Où va t'il donc ce refoulement puissant ? Il semble disparaître dans le tout sans laisser aucunes traces. Pourtant, la marée basse révèle les témoins échappés à la mer de ce passage du temps.

Le ressac de la naissance

Regardez, regardez, Il arrive, on voit déjà sa tête...

Regardez, regardez, le voilà qui émerge, comme un poisson qui jaillit brusquement à la surface de l'eau depuis les profondeurs. Et voyez, il pousse son premier cri. Cela n'est pas encore le cri de la victoire, mais tous les supporters sont pourtant assemblés, il a bel et bien vaincu, il est né.

Il passe le portail et il vient de la mer. Son océan primaire était déjà rendu à rien, devenu trop étroit.

Il paraît comme porté par une vague puissante qui le laisse au rivage. C'est un grand voyageur de ce quelque chose du ressac qui nous laisse nu et un peu pantelant sur la grève.

Cet être est il tout neuf ou vient il de plus loin ?

Quel est ce ressac ancien qui donne une telle puissance à la vague nouvelle ?

Il voudrait nous le dire, les yeux encore mouillés d'écume et étonnés de la puissance de la tempête qui l'a mené ici.

C'est cela qui nous fait marcher sur le rivage et sentir cette limite entre la terre et l'eau. Dans l'alternance des vagues et du ressac il y a quelque chose de profond, de profondément vivant.

Nous y sentons le mystère incompréhensible du temps et des rythmes et le caractère ancien et neuf en même temps.

Car après tout chaque vague n'est autre que de l'eau, comme chaque être n'est autre que de la conscience.

Les vagues ont des formes sans fin, sans cesse différentes, parfois calmes et paisibles, parfois furieuses, mais toujours changeantes, comme les êtres, comme la vie.

Et celui là arrive messager de tempête et il porte encore son visage de marin, jeune et vieux en même temps. On pourrait le croire très ancien.

C'est comme si toute vie ou chaque instant était toujours sous-tendue par un quelque chose infiniment profond dont on a l'intuition mais que l'on ne peut cerner vraiment. A la manière d'un rêve qui nous semblait très clair et très parlant, mais complètement oublié l'instant d'après, sans pouvoir le retrouver.

Nous avons oublié nos longs temps de voyage, nos temps de marins de tempête, temps de flotter dans l'eau claire au milieu des coraux en rêvant à l'humain.

Nous passons toute une vie dans le sein maternel, le temps est une chose mystérieuse, ou peut-être est-ce un millénaire !

Il est des ailes de papillon cachées derrière nos visages changeants. Nous savons que de temps en temps, il nous faut retrouver l'océan pour être restaurés.

Et voilà, il arrive, avec son corps tout neuf tout fripé encore de son long séjour océan. Il pourrait nous donner des nouvelles des étoiles, mais il est encore trop stupéfait, il ne peut pas parler.

Il se dit, j'en parlerai plus tard, je pourrai leur raconter, il faut absolument que je me souvienne... Mais comme le temps est un mystère, il se passe bien un millénaire avant qu'il puisse le faire, il a tout oublié.

Dans les changements constants, le temps se raccourcit de manière draconienne à mesure qu'on grandit. Il y a de moins en moins de durée dans de plus en plus d'années. Mais pour le voyageur qui arrive, chaque minute est encore semée d'éternité.

Il sait, il pourrait nous le dire, mais il ne sait pas parler. Exactement comme à l'autre passage, à l'autre bout du voyage, quand il faut tout laisser, et repartir nu. Pourtant sans cesse les vagues sont portées au rivage et le ressac puissant sans cesse se déploie.

Et voilà, il arrive, il pousse son premier cri et voilà, c'est le matin d'une nouvelle journée, quelque chose de puissant à inventer…

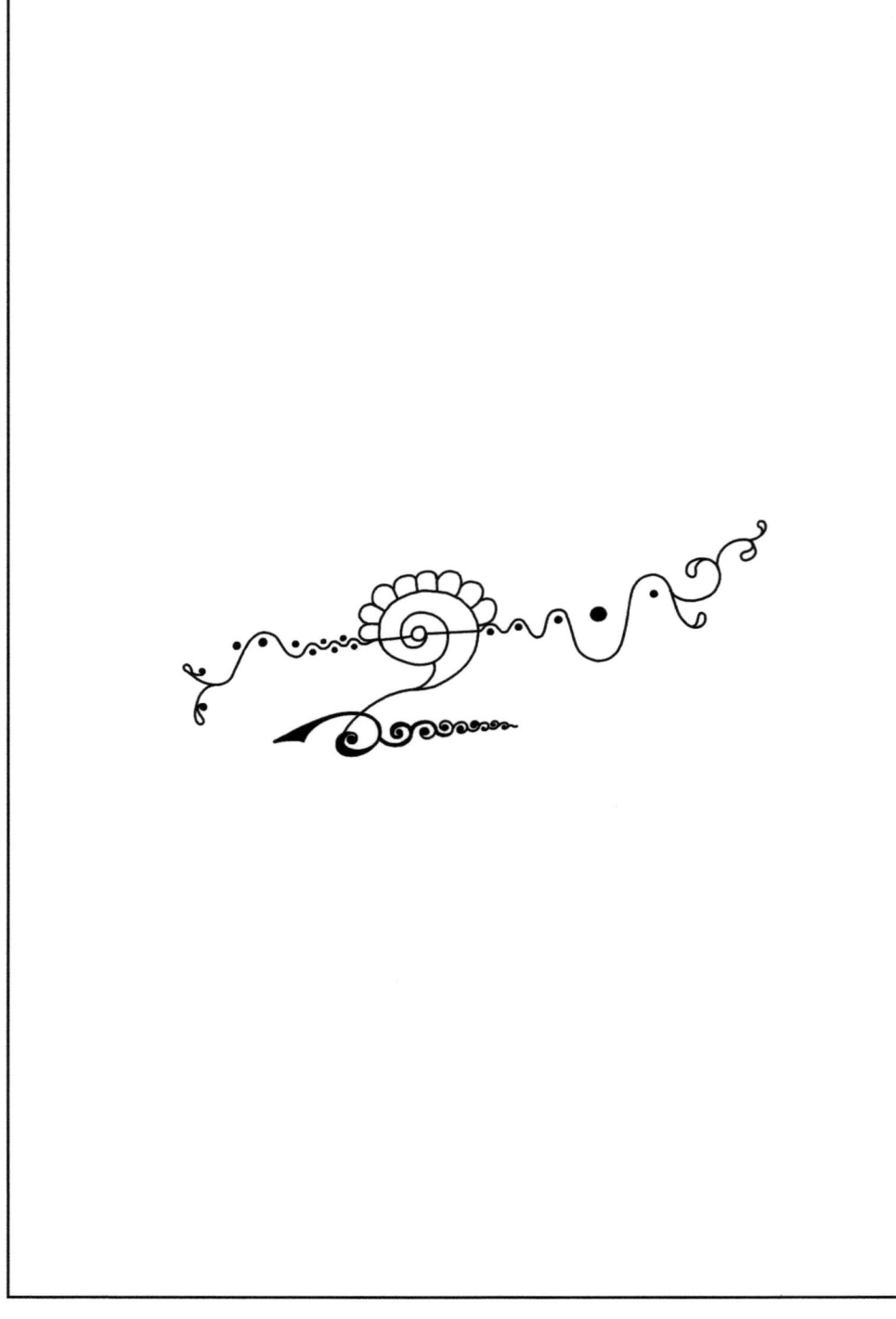

Soleils

Il est des soleils blancs comme neige pour éclairer directement la part de rêve qui te porte. Ce sont des soleils en secret, des soleils de la nuit quand tu rassembles en un instant précieux tout ce qui te porte, pour jeter à la nuit les flots de semence de sens des instants à venir.

Il est des soleils bleus pour voir le monde en contrebas comme si, confortablement installé sur le balcon du monde, tu contemplais à loisir son mouvement, comme l'enfant au dessus de la fourmilière.

Il est des soleils orange pour habiller le monde de toutes les couleurs, ils révèlent de drôles de traces sur ta peau, ils révèlent ton visage de mystère.

Il est des soleils de toutes les couleurs.

Manchots

La mer était gelée, au pôle,
la neige accumulée,
comme pour le protéger
en ce temps de jachère,
prenait toutes les formes
des vagues de tempête.

La mer était gelée, au pôle,
pour une longue attente
dans un temps de tourmente
et pourtant les manchots
en smoking blanc et noir
savent s'y regrouper
pour leurs conciliabules.

Ils savent y discuter,
j'en jurerai,
la haute philosophie
des forces de la terre.

A chaque fois que leur vient
une très bonne idée,
ils ajoutent un cailloux
sur le tas
qui se trouve à leurs pieds
pour séduire les dames.

Bien sur certains d'entre eux
iront voler en douce
le caillou du voisin,
ce n'est qu'un des aspects
de leur humour subtil.

Et puis s'en vont marchant
en de longues colonnes,
glissant dans les descentes
sur leur ventre tout rond,
pour rejoindre la mer
pour de nouveaux festins.

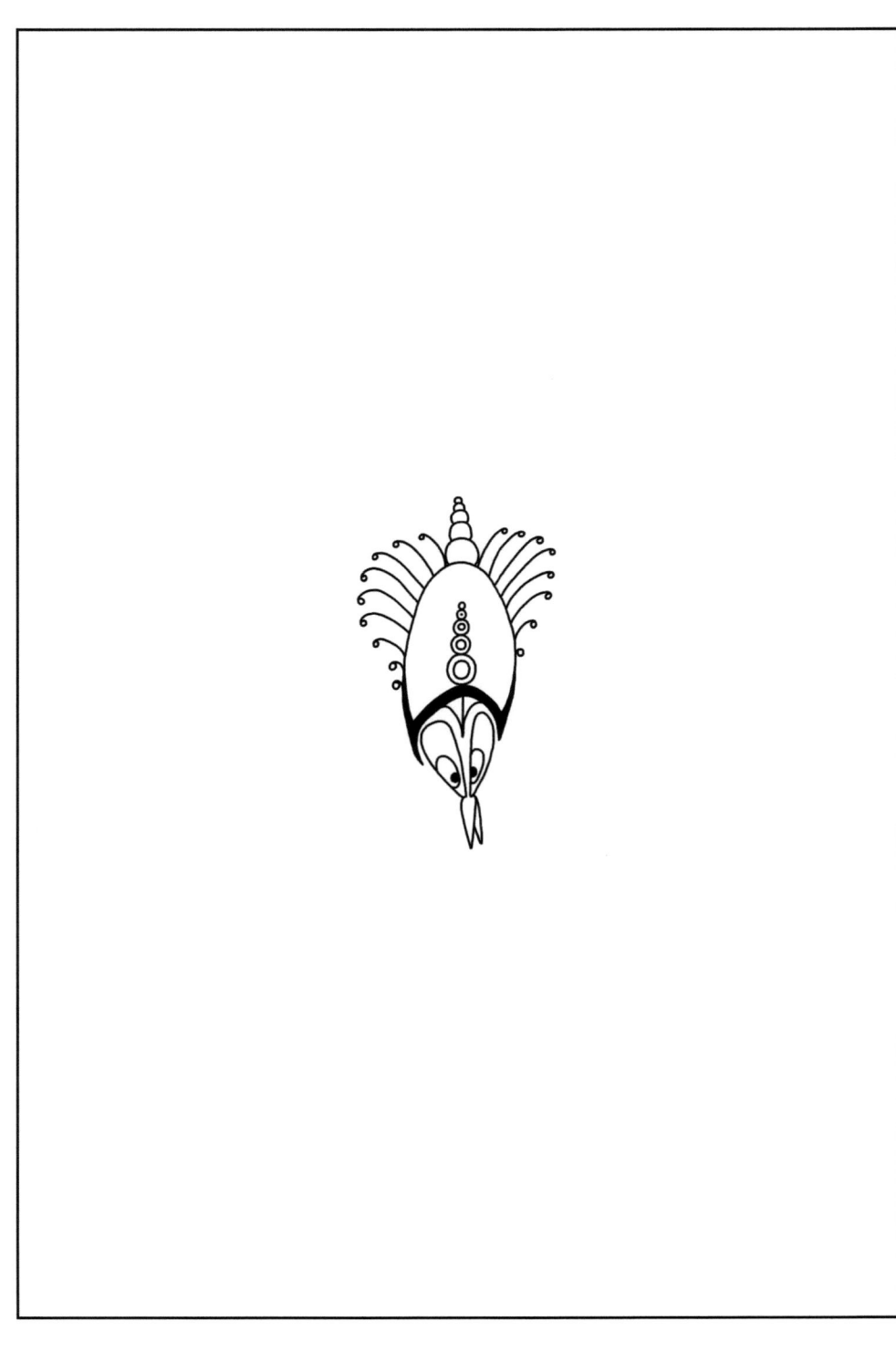

Le voyageur immobile

Un tapis de couleur était posé sur la charnière du temps, juste à côté du début, juste à côté de la fin, et entre les deux. C'était le lieu de pause, un lieu donc hors du temps.

Voyez le voyageur, dans ce temps de l'entre deux, il a disposé devant lui une bougie allumée, afin de ne pas oublier ce qu'il est venu faire ici, et dans un petit vase, une fleur épanouie afin que la générosité ne fasse pas défaut.

C'était donc le temps du poète, un instant très comme il faut. Ses longs cheveux font de drôles de jeux comme si la pesanteur s'était absentée, ils se déploient comme s'ils étaient pris dans un tourbillon de vent.

Luxe superbe, des feuilles de parchemin, une plume, grande plume de l'oiseau migrateur, bien taillée pour l'écriture, et un encrier d'argile, pour une encre d'un bleu profond. Ainsi tout était prêt pour approcher le mystère.

Dans ce temps arrêté de l'entre deux, l'espace se révèle. L'espace est mystérieux, vous savez, $E=MC2$ et tout cela. Mais loin des théories, celui là l'abordait dans une perception directe, voyageur immobile, sa vision se déployait doucement comme un oiseau qui plane à certains moments, haut dans le ciel, tellement haut qu'on le devine à peine et puis ayant appréhendé la vision, dans un petit sourire dit : « tu pourrais y croire, oui tu pourrais y croire ! »

Alors il fond du haut du ciel vers la terre, pour se saisir d'une autre réalité. Et comme c'est un rêve, à l'instant de percuter le sol, il n'est pas arrêté par la matière et dans l'espace d'un grain de terre se retrouve à voler, les ailes déployées, comme dans un vaste univers.

« Tu pourrais y croire, oui, tu pourrais y croire ! »

Alors il fond encore du haut de ce nouveau ciel, vers la planète d'un atome tout rond, on dirait qu'il est rond. Et comme c'est un rêve, à l'instant d'en percuter la surface, il se retrouve à nouveau à planer au milieu d'un nouveau ciel, et dit : « c'est étonnant ! »

Cet oiseau prend ses aises dans cet univers grand où il ne trouve finalement nulle entrave et il pousse son chant, un chant vraiment joyeux. Alors qu'il folâtre entre deux galaxies, il dit : « Le cœur de ce soleil est vraiment un espace particulier, quel feu d'artifice, cette lave en fusion, si lourde, si lourde, me fait penser ici à de la lumière. » Il laisse sa pensée devenir papillon, et revient se poser sur la fleur épanouie posée devant lui, si l'on peut dire.

C'est vraiment un beau papillon, tout habillé de velours de couleur, tout vibrant de voyages, dans la lumière du soleil, il ouvre et referme ses ailes.

Le papillon regarde le voyageur assis, le voyageur regarde le papillon, la flamme de la bougie diminue alors que la nuit descend doucement.

Les étoiles s'allument, et le voyageur entonne un chant du soir, un chant très doux, un chant très doux pour les humains, les humains, les fils du papillon, les frères et sœurs de l'oiseau, comme si en un instant la misère pouvait déserter le monde.

Des images passent qu'il dessine d'un geste vif et léger :

Il y a un petit enfant tout juste né, puis un peu plus grand avec une fleur dans la main, puis un adolescent mystérieux.

Il y a un homme et une femme très occupés à de multiples tâches, un vieil homme et une vieille femme assis sur un banc de bois sous un grand arbre. Puis un corps étendu comme en marbre, une bougie allumée posée près de sa tête. Et, vous le voyez, sur l'épaule de chacun d'eux, le papillon est venu se poser.

Le papillon est posé sur la fleur, et regarde le voyageur, qui de la longue plume couvre de mots bien dessinés le parchemin. Plusieurs feuilles ont ainsi été écrites entrecoupées de dessins. Le voyageur pose la plume, soupire doucement, et regarde le papillon, et bientôt l'ensemble se résorbe, comme on se réveille d'un rêve, ou peut être que l'on s'endort, qui sait.

Il reste l'écrivain, et l'écrivain regarde le Charouble qui dormait à ses pieds et qui s'éveille, et baille, et s'étire.

Ah, ainsi tu dormais compagnon, quel rêve tu as fait !

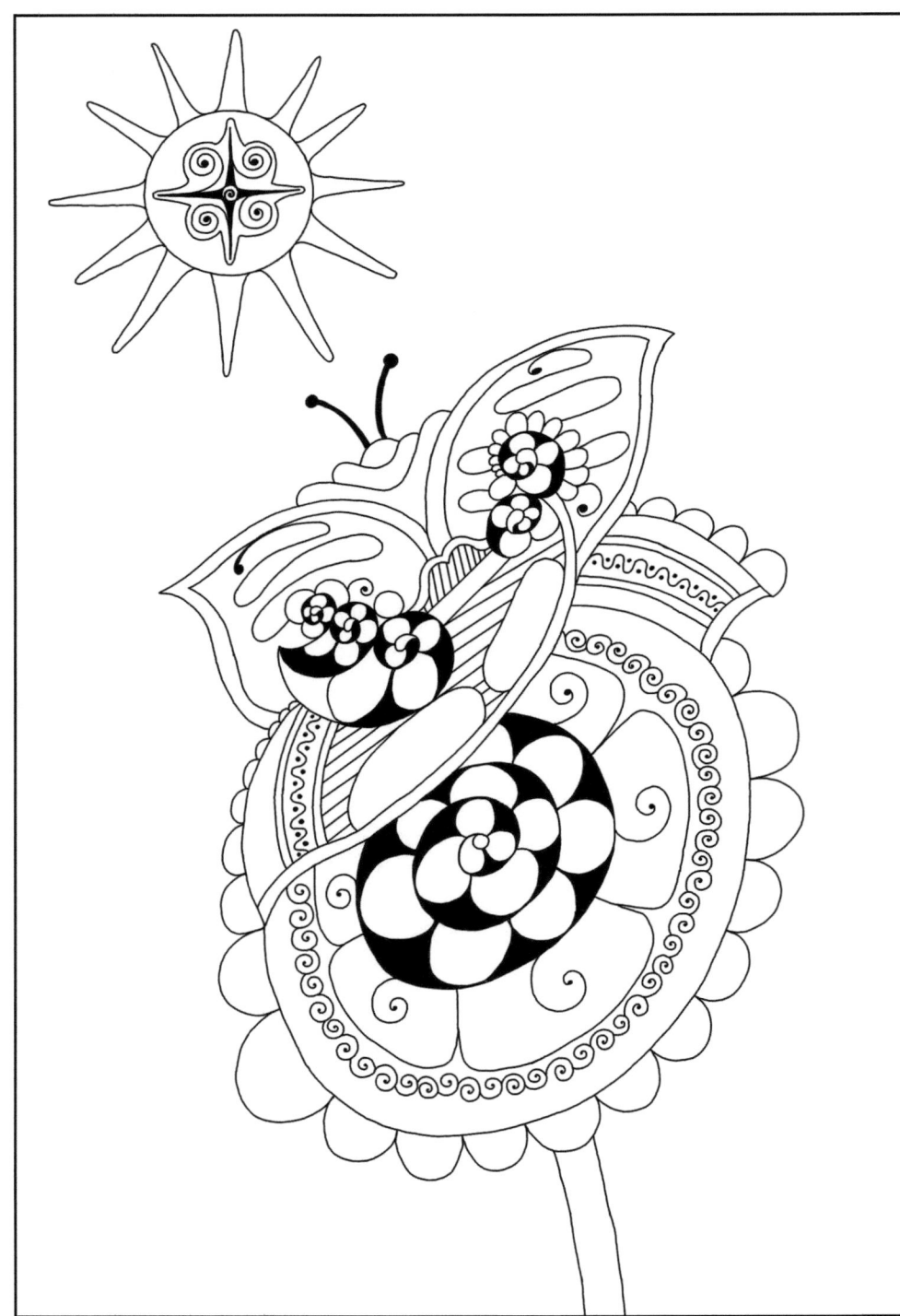

Rêverie d'Ikebana

Elle arrangeait doucement les fleurs dans le vase, mêlant harmonieusement les textures et les couleurs, ajoutant de jolies branches. Le bouquet était presque terminé, et il était très réussi.

Elle accomplissait chaque geste avec lenteur et précision, toute imprégnée de l'espace créé, ou révélé, par les branches et les fleurs. De son bouquet se dégageait un sentiment d'harmonie, de beauté et de paix, qui semblait habiter la pièce toute entière.

Le bouquet est terminé, et elle fait disparaître les morceaux de tige, les feuilles inutilisées ou les fleurs abîmées, elle range son sécateur…

Chaque semaine un nouveau bouquet, juste pour le bonheur se dit elle, alors qu'elle prend le temps maintenant de se nourrir de la beauté et du calme ainsi créé.

Elle contemple longuement telle fleur immobile, tel détail de la feuille, dans l'étonnement toujours renouvelé de la précision qui s'en dégage.

« Bien sur nous pourrions imiter cela, le copier, le reproduire, mais dans la nature, tout cela se déploie à foison, cette beauté est présente à chaque pas, quelles formes, quelles couleurs, quels parfums…

Il faut dire que les papillons qui s'y posent ne sont pas en reste, ils portent toujours leurs plus beaux habits.

Quelle étrange et merveilleuse danse que ce monde, tout y est tellement pertinent et débordant, c'est plus que dans nos plus beaux rêves. » Son regard s'est posé sur une fleur épanouie, accompagnée d'un petit bourgeon. Dans l'immobile de sa contemplation, cette fleur et ce bourgeon s'en viennent prendre un sens tout particulier :

Elle dit : « Le monde est semblable à un hologramme, d'une certaine façon, comme si chaque partie de l'apparence contenait la totalité. Je vois cette fleur et ce bourgeon, et ils me disent le changement, le changement des saisons, mais aussi les ères cosmiques contenues dans la mémoire de la fleur, mais aussi l'être qui est au-delà du changement, ce quelque chose de subtil.

La cause est elle toujours plus puissante que le résultat ? Mille graines lancées au vent pour un arbre qui pousse. Lorsque je vois ce déploiement incroyable, je sais que l'être, cela qui est derrière la vie, cela qui est avant, doit être une chose incroyablement puissante. Cela me fait penser aux changements de notre apparence au fil du temps, tous ces visages de notre visage au cours d'une vie, et l'être qui est derrière les apparences changeantes.

Bientôt la fleur se fane, des graines sont portées en terre, mais bientôt, aussi, une nouvelle fleur est épanouie, et elle a rendez vous avec le papillon. Evidement, chez nous, le papillon est difficile à voir, mais donc si la cause est toujours plus puissante que l'effet que l'on en perçoit et bien je crois les amis que le papillon invisible qui est la cause secrète de la vie de chacun d'entre nous doit être vraiment quelque chose de beau. »

Sa rêverie se poursuit longtemps, alors que le soir descend, continuant à lui révéler ces vérités simples, ces évidences subtiles de l'être.

Le récif

Le récif est hérissé
de mille pointes acérées,
l'eau épouse toutes ses formes
sans en être altérée.
Cela lui donne simplement
un rythme différent.

La vague s'est jetée
sans cesse sur le récif,
et, après un temps,
un très long temps,
le récif est devenu rond,
comme un ballon.

Cela donne un rythme différent à
l'eau.

Ce livre est auto-édité, il n'existe que par les amis qui le portent, alors si vous l'aimez aidez moi à le faire connaître, offrez le, créez des liens vers mon site...

www.bovisage.fr
didiereudes@gmail.com